BEI GRIN MACHT SICH IHR
WISSEN BEZAHLT

AF153673

- Wir veröffentlichen Ihre Hausarbeit,
  Bachelor- und Masterarbeit

- Ihr eigenes eBook und Buch -
  weltweit in allen wichtigen Shops

- Verdienen Sie an jedem Verkauf

Jetzt bei www.GRIN.com hochladen
und kostenlos publizieren

Rebekka Bolz

Missio Canonica. Die kirchliche Beauftragung

GRIN Verlag

Bibliografische Information der Deutschen Nationalbibliothek:

Die Deutsche Bibliothek verzeichnet diese Publikation in der Deutschen National-
bibliografie; detaillierte bibliografische Daten sind im Internet über http://dnb.d-
nb.de/ abrufbar.

Impressum:

Copyright © 2012 GRIN Verlag GmbH
Druck und Bindung: Books on Demand GmbH, Norderstedt Germany
ISBN: 978-3-656-46322-1

Dieses Buch bei GRIN:

http://www.grin.com/de/e-book/230177/missio-canonica-die-kirchliche-beauftragung

VL Rechtlicher Rahmen religiösen Lehrens – SS 2012

Rebekka Bolz

Missio Canonica – Die kirchliche Beauftragung

I. Begriff *Missio canonica*

II. Historischer Ursprung & Entwicklung

III. Unterscheidung von kirchlicher Unterrichtserlaubnis und *Missio canonica*

IV. Rechtsgrundlagen der *Missio canonica*

V. Verleihung der *Missio canonica*

VI. Widerruf der *Missio canonica*

I. Der Begriff *Missio canonica* meint ganz allgemein eine Bevollmächtigung durch die Kirche. Schon im CIC/1917 taucht der Begriff auch. Hier wird er verwand, um juristische Bezüge zwischen Diözesanbischof und der Person, die er zum kirchlichen Dienst beauftragt hat, festzulegen. Im CIC von 1983, die aktuelle Rechtsgrundlage, tritt der Begriff nicht auf. In der BRD wird der Begriff benutzt, wenn man davon spricht, dass ein Lehrer oder eine Lehrerin die Zustimmung des Bischofs benötigt, um katholischen Religionsunterricht zu unterrichten. Die Einstellung erfolgt also nicht nur über den Staat.

II. Die Kirche als Institution war in der Geschichte des Schulwesens wichtig, da sie als eine der ersten Institutionen einen Bildungsort für Schüler schaffte, nachdem das antike Bildungssystem zugrunde gegangen war. So gab es viele Dom- und Klosterschulen und der Unterricht, der meist von Klerikern gehalten wurde, hatte eine stark religiöse Prägung. So entstand auch erst im Zuge der Reformation, als es verschiedene Konfessionen gab, gesonderter Religionsunterricht. Vorher war dies nicht nötig. Doch gerade weil es nun unterschiedliche Konfessionen gab, übernahm der Staat die Oberhand über das Schulwesen. „Es gab schon im 16.Jh. partikulare Regelungen, die für die Anstellung der Lehrer und insbesondere der Religionslehrer eine Beteiligung der Kirche forderten." (Künzel, Heike: Die „Missio Canonica" für Religionslehrerinnen und Religionslehrer, S.6.) Deutlich wird also, dass die Kirche ihren Einfluss im Schulwesen verliert, und aus dieser Einbuße es notwendig erscheint, bei der Wahl der Religionslehrer mitzuwirken. Die *missio canonica* an sich wurde allerdings erst 1846 vom Kölner Erzbischof v. Geissel eingeleitet. Auf seine Initiative hin legte der Staat fest, „dass die Ernennung zum Religionslehrer von der staatlichen Seite erfolge und die Autorisation zum Unterricht in Religion vom Diözesanbischof." (ebd., S.8) Im November 1846 kam es dann zu einem Treffen der deutschen Bischöfe in Würzburg, wo beschlossen wurde, „dass an Volks- und Mittelschulen nur solche Lehrer Religion unterrichten dürfen, die eine »kirchliche Sendung« vorweisen können." (vgl. Hellmuth, Missio Canonica, S.475).

III.   Neben dem Begriff der *Missio Canonica* gibt es den Begriff der kirchlichen Lehrerlaubnis. Allerdings besteht ein Unterschied zwischen Beiden. Eine kirchliche Unterrichtserlaubnis erhalten Lehrkräfte im Referendariat, Teilnehmer/innen an religionspädagogischen Kursen, oder auch nebenberufliche Lehrkräfte und Lehrkräfte, die aushilfsweise RU erteilen. Die unbefristete M.c. erhalten dagegen nur Lehrer/innen nach der bestandenen zweiten kirchlichen/staatlichen Dienstprüfung.

IV.   C. 1328 CIC/1917 besagt, dass es niemandem erlaubt ist zu predigen, „nisi a legitimo Superiore missionem receperit", der also keine Sendung eines Oberen erhalten hat. Der RU gilt offiziell als Katechese in der Schule, er schließt also die Funktion eines Predigtamtes mit ein. Somit benötigen auch Religionslehrer/innen eine solche *missio,* Sendung. Neben dem genannten Codex findet man C. 1381 §3 im CIC von 1917, der besagt, dass der Diözesanbischof das Recht hat, Religionslehrer zu approbieren und abzuberufen. In der Forschung und der Literatur gibt es Diskussionen zu den Bedeutungen der Begriffe *missio* und *approbatio.* Es ist ein Streitpunkt, ob sie das gleiche meinen, oder sie sich unterscheiden.

V.   Die Verleihung der M.c. erfolgt einheitlich durch die deutschen Bischöfe. Dies besagen die Rahmenrichtlinien der DBK von 1973. Derjenige, der die M.c. verliehen haben möchte, muss ein Formblatt ausfüllen und dieses an den jeweiligen Diözesanbischof senden. Hier wird einerseits „die Versicherung des Antragstellers, dass er den RU in Übereinstimmung mit der Lehre der kath. Kirche erteilen wird" (DBK, Rahmenrichtlinien zur Erteilung der M.c.), gefordert, andererseits Referenzen des Antragstellers. Eine solche Referenz sollte vom Pfarrer stammen, zu dessen Gemeinde der Antragsteller gehört. Dieser Antrag wird daraufhin vom Bischof, bzw. vom Ordinariat/ Generalvikariat bearbeitet. In Einzelfällen wird eine Missio-Kommission einberufen. Kriterium für die Verleihung der M.c. ist einerseits, dass der Religionslehrer sich schriftlich dazu bereit erklärt, „den RU in Übereinstimmung mit der Lehre der kath. Kirche zu erteilen", andererseits, dass er „in der persönlichen Lebensführung die Grundsätze der Lehre der kath. Kirche" beachtet (vgl. DBK, Rahmenrichtlinien zur Erteilung der M.c.). Diese Aussage meint ein Leben als Christ mit der Kirche, das am Evangelium gemessen ist. Der Religionslehrer soll lebendiges Mitglied der Kirche sein und am Leben der Pfarrgemeinde teilnehmen. „Die M.c. gilt für die (Erz-) Diözesen des jeweiligen Bundeslandes, dem der Antragsteller zugehört." (ebd.)

VI.   Es gibt unterschiedliche Gründe dafür, die M.c. zu widerrufen, und somit ein Amt aufzulösen. Die gleichen Gründe gelten auch für die Verweigerung der Erteilung der M.c. durch den Bischof. „Ein gerechter Grund für einen Widerruf liegt insbesondere dann vor, wenn sich die M.c. für das Gemeinwohl der Kirche als schädlich erwiesen hat" (Künzel: Die „Missio Canonica", S.108). Der für die Diözese zuständige Bischof darf die M.c. widerrufen. Der betroffene Religionslehrer hat vor dem Widerruf die Möglichkeit einer Anhörung. Dabei beteiligt sich die Missio-Kommission. Der Widerruf ergeht schriftlich mit einer Begründung an den Religionslehrer und an den Staat.

Literatur:

Riedel-Spangenberger, Ilona, Artikel Missio canonica; in: LThK³ Bd. 7 Sp. 287-288.

Deutsche Bischofskonferenz, Rahmenrichtlinien zur Erteilung der kirchlichen Unterrichtserlaubnis und der Missio Canonica für Lehrkräfte mit der Fakultas „Katholische Religionslehre" vom 15.März 1973

Künzel, Heike: Die „Missio Canonica" für Religionslehrerinnen und Religionslehrer. Kirchliche Bevollmächtigung zum Religionsunterricht an staatlichen Schulen; in: BzMK, Essen 2004.

Hellmuth, Hugo: Die Missio Canonica; in AfkKR 91 (1911).